Dicionário bilíngue ilustrado

1.001 PALAVRAS

INGLÊS • PORTUGUÊS

Ciranda Cultural

Conteúdos

Minha família 4	Quarto do bebê 32
Menino 6	Roupas 34
Menina 7	Brinquedoteca 36
Opostos 8	Escritório 38
Dia a dia 10	Garagem 40
Profissões 12	Quintal 42
Casa 14	Cidade 44
Hall de entrada 16	Parque 46
Cozinha 18	Restaurante 47
Alimentos 20	Supermercado 48
Frutas e verduras 22	Hospital 50
Sala 24	Dentista 51
Banheiro 26	Teatro 52
Armário do banheiro 28	Concerto 54
Quarto 30	Museu 56

Escola	58
Na mochila	60
Disciplinas	62
Números	64
Formas e sólidos	66
Cores	68
Posição relativa	70
Dia	72
Dias, clima e estações	74
Calendário	76
Passatempos	78
Esportes	80
Esportes de inverno	82
Transportes	84
Acampamento	86
Animais domésticos	88
Na fazenda	90
Animais do zoológico	92
Floresta	94
Montanha	96
Praia	98
Oceano	100
Selva	102
Savana	104
Ártico	106
Aeroporto	108
Bandeiras	110
Universo	112
Constelações	114
Era uma vez	116
Dinossauros	118
Idade da Pedra	119

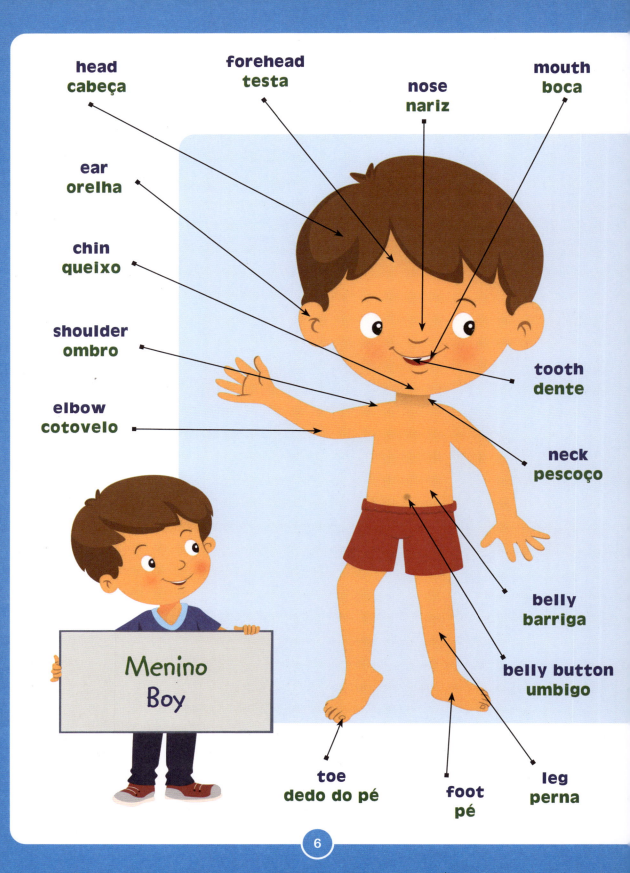

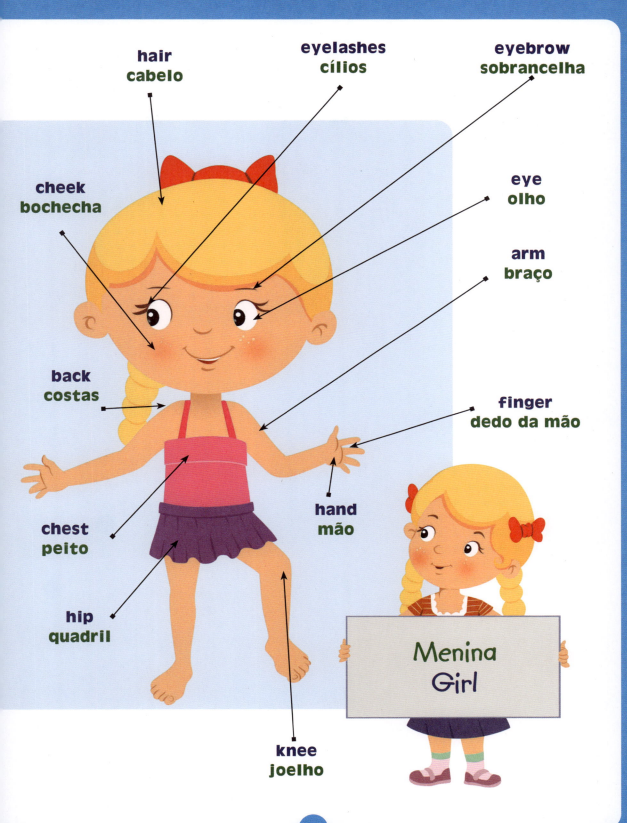

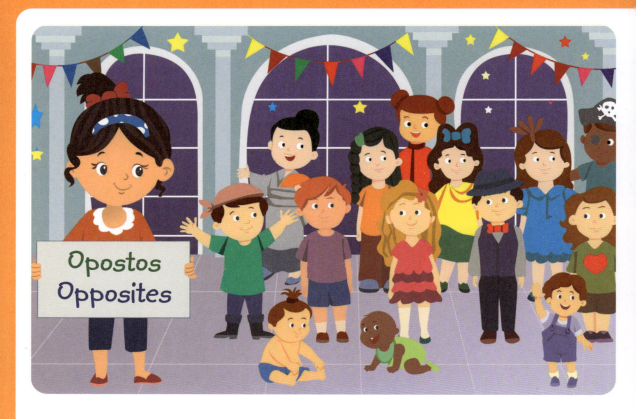

Opostos / Opposites

tall / **alto** **short** / **baixo**

thin / **magro** **fat** / **gordo**

strong / **forte** **weak** / **fraco**

dry / **seco** **wet** / **molhado**

run / correr   **walk** / andar

dirty / sujo

clean / limpo

inside / dentro   **outside** / fora

summer / verão

winter / inverno

old / idoso

young / jovem

happy / feliz

sad / triste

bad / mau

good / bom

sick / doente

healthy / saudável

Dia a dia
Daily routines

to wake up
acordar

to eat
comer

to brush your teeth
escovar os dentes

to get dressed
vestir-se

to go to school
ir para a escola

to play
brincar

to walk
andar

to run
correr

to jump
saltar

to laugh
rir

to sing
cantar

to climb
escalar

to cry
chorar

to do homework
fazer a lição de casa

to help Mom
ajudar a mãe

to read
ler

to have a bath
tomar banho

to sleep
dormir

Profissões
Professions

astronaut
astronauta

athlete
atleta

lawyer
advogado

designer
designer

dentist
dentista

farmer
agricultor

chef
chefe de cozinha

accountant
contadora

police officer
policial

hairdresser
cabeleireira

carpenter
carpinteiro

fisherman
pescador

pilot
piloto

firefighter
bombeiro

actress | actor
atriz | ator

teacher
professora

veterinarian
veterinária

scientist
cientista

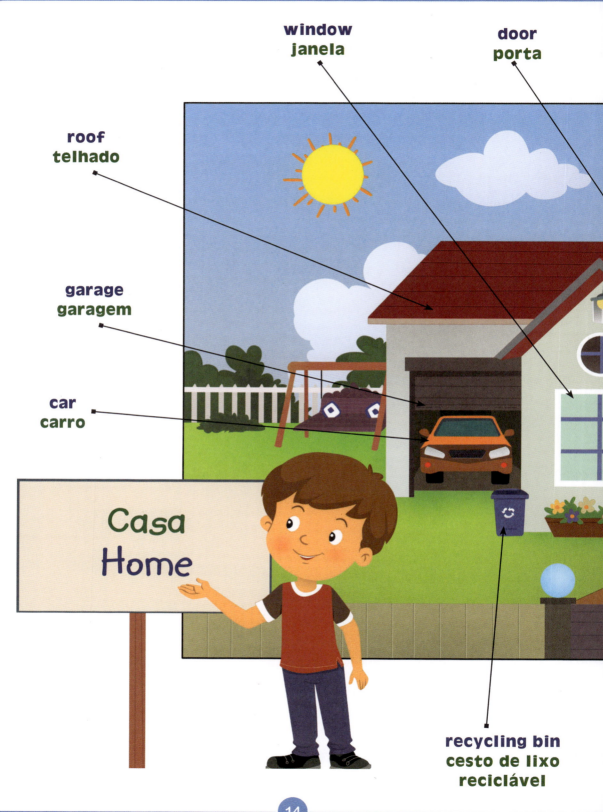

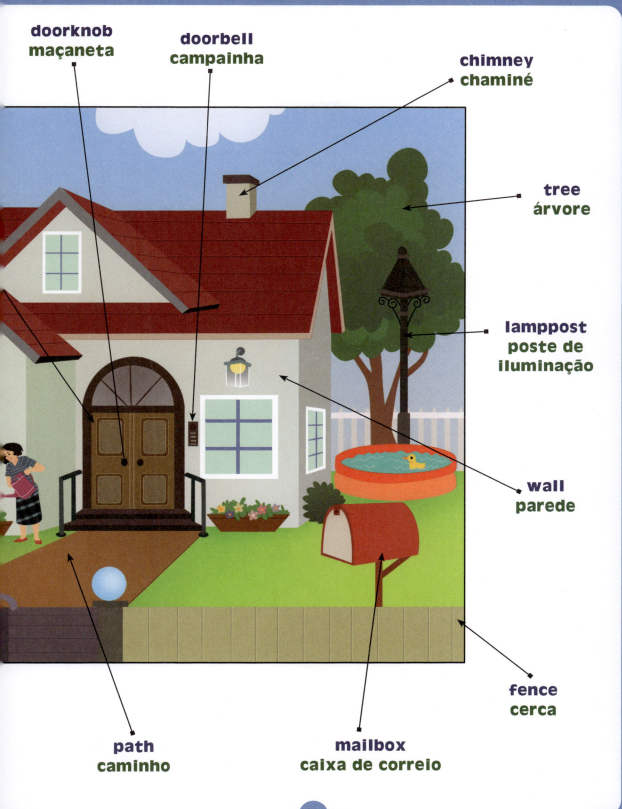

doormat
capacho

briefcase
pasta

bench
banco

clock
relógio de parede

front entrance
entrada principal

Hall de entrada
Hallway

umbrella
guarda-chuva

keys
chaves

clothes hanger
cabide

picture frame
quadro

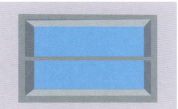

window
janela

light bulb
lâmpada

coat stand
cabideiro

shoe rack
sapateira

staircase
escada

hat
chapéu

raincoat
capa de chuva

rubber boots
galochas

17

toaster
torradeira

kettle
chaleira

spoon
colher

stove / **fogão**

trash can / **cesto do lixo**

Cozinha
Kitchen

chair / **cadeira**

blender
liquidificador

pot
panela

glass
copo

knife
faca

fork
garfo

microwave (oven)
(forno) micro-ondas

shelf prateleira

faucet torneira

table mesa

fridge geladeira

plate
prato

bowl
tigela

cup
xícara

rice
arroz

yoghurt
iogurte

chocolate bar
barra de chocolate

olive oil
azeite

orange juice
suco de laranja

bananas
bananas

bread
pão

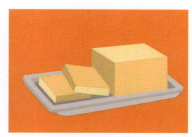

butter
manteiga

chicken
frango

jam
geleia

corn
milho

eggs
ovos

milk
leite

beans
feijão

grapes
uvas

cookies
biscoitos

honey
mel

cake
bolo

Frutas e verduras
Fruits and vegetables

bananas
bananas

cherries
cerejas

blueberries
mirtilos

cauliflower
couve-flor

avocado
abacate

carrot
cenoura

pomegranates
romãs

mushrooms
cogumelos

apple
maçã

broccoli
brócolis

strawberry
morango

tomato
tomate

spinach
espinafre

peas
ervilhas

potato
batata

watermelon
melancia

corn
milho

kiwi
kiwi

controller
controle de jogo

ceiling fan
ventilador de teto

books
livros

light bulbs
lâmpadas

teddy bear
urso de pelúcia

Sala
Living room

remote control
controle remoto

television
televisão

lamp
abajur

armchair
poltrona

sofa
sofá

fish
peixe

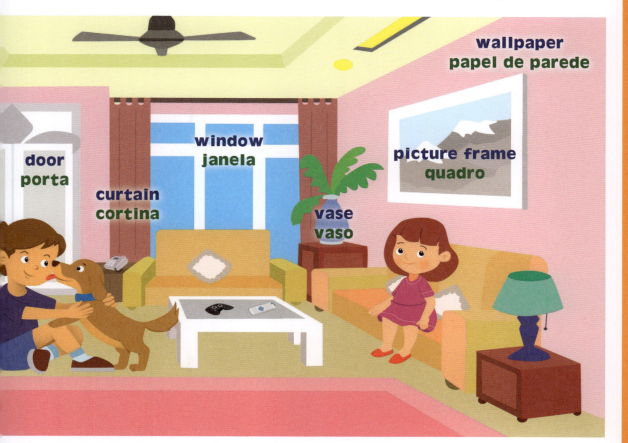

wallpaper
papel de parede

window
janela

picture frame
quadro

door
porta

curtain
cortina

vase
vaso

speaker box
caixa de som

table
mesa

cushion
almofada

towel
toalha

toothpaste
pasta de dente

mat
tapete

Banheiro
Bathroom

toilet
vaso sanitário

washbasin
pia

soap
sabonete

toilet paper
papel higiênico

shampoo
xampu

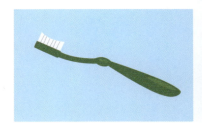
toothbrush
escova de dente

cream — creme
cabinet armário
flush descarga

mirror
espelho

comb
pente

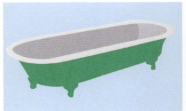
bathtub
banheira

Armário do banheiro
Bathroom cabinet

mascara
rímel

body lotion
hidratante

deodorant
desodorante

hairdryer
secador de cabelo

electric razor
barbeador

nail polish
esmalte

perfume
perfume

shaving brush
pincel de barbear

shaving cream
creme de barbear

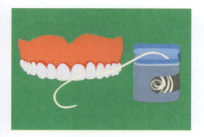
dental floss
fio dental

medicine
medicamento

mouthwash
enxaguante bucal

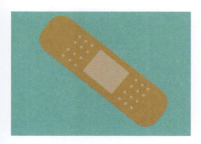
sticking plaster
curativo

cotton buds
hastes flexíveis

nail clippers
cortador de unha

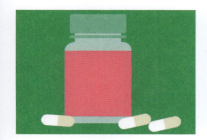
vitamins
vitaminas

lipstick
batom

hair curler
modelador de cabelo

alarm clock
despertador

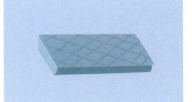
mattress
colchão

pillowcase
fronha

bookcase
estante

Quarto
Bedroom

clothes
roupas

rug
tapete

terrestrial globe
globo terrestre

teddy bear
urso de pelúcia

bedside lamp
abajur

book
livro

picture frame
quadro

drawer
gaveta

computer
computador

bed
cama

wall
parede

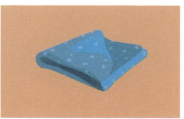

bed
cama

quilt
colcha

jewellery box
porta-joias

31

Quarto do bebê
Nursery

baby
bebê

play mat
tapete de atividades

teddy bear
urso de pelúcia

ball
bola

mobile
móbile

crib
berço

dresser
cômoda

baby bottle
mamadeira

baby blanket
manta de bebê

bodysuit
body

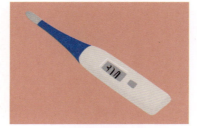
thermometer
termômetro

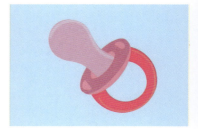
pacifier
chupeta

diaper
fralda

rocking horse
cavalo de balanço

baby monitor
monitor de bebê

nursing pillow
almofada de amamentação

drum
tambor

diaper pail
lixeira para fraldas

socks
meias

dress
vestido

gloves
luvas

pants
calças

scarf
cachecol

coat
casaco comprido

jacket
casaco curto

knickers
calcinha

t-shirt
camiseta

boots
botas

tank top
regata

beanie
gorro

raincoat
capa de chuva

skirt
saia

overalls
jardineira

tie
gravata

jeans
calça jeans

shorts
bermuda

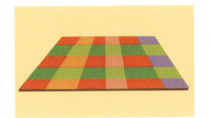
play mat
tapete de atividades

robot
robô

doll
boneca

drawing board
quadro de desenho

Brinquedoteca
Playroom

Spider-Man Homem-Aranha

rocking horse
cavalo de balanço

building blocks
blocos de construção

car
carro

dollhouse
casa de bonecas

binoculars
binóculo

flags
bandeiras

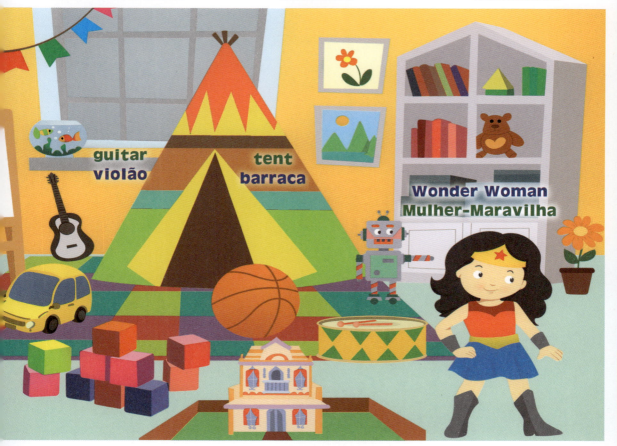

guitar
violão

tent
barraca

Wonder Woman
Mulher-Maravilha

ball
bola

dart
dardo

drum
tambor

Escritório
Office

pen
caneta

pencil
lápis

computer
computador

paper
papel

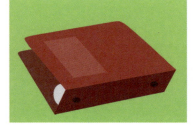

file
pasta

scanner
scanner

monitor
monitor

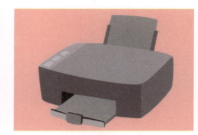
printer
impressora

desk
mesa

keyboard
teclado

mouse
mouse

trash can
lixeira

tablet
tablet

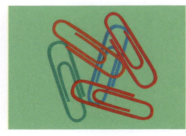
paper clips
clipes

cell phone
celular

table lamp
luminária de mesa

houseplant
planta de interior

office chair
cadeira

Garagem
Garage

screwdriver
chave de fenda

tires
pneus

adjustable spanner
chave-inglesa

car
carro

hacksaw
arco de serra

toolbox
caixa de ferramentas

hammer
martelo

pliers
alicate

shovel
pá

hand saw
serrote

drill
furadeira

stepladder
escada

jerrycan
galão

L-square
esquadro em L

polisher
polidor

wheel brace
chave de roda

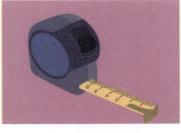
tape measure
fita métrica

level
nível de bolha

Quintal
Garden

fountain
chafariz

bee
abelha

bird
pássaro

deckchair
espreguiçadeira

watering can
regador

butterfly
borboleta

rake
ancinho

tree
árvore

griller
churrasqueira

bush
arbusto

ivy
hera

lawn mower
cortador de grama

flowerpot
vaso de flores

swings
balanços

grasshopper
gafanhoto

flower
flor

grass
grama

dragonfly
libélula

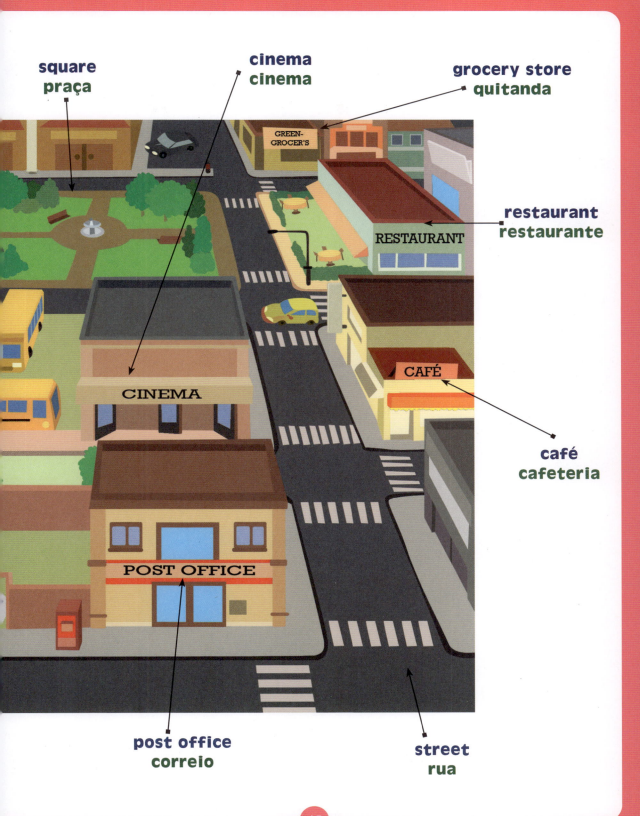

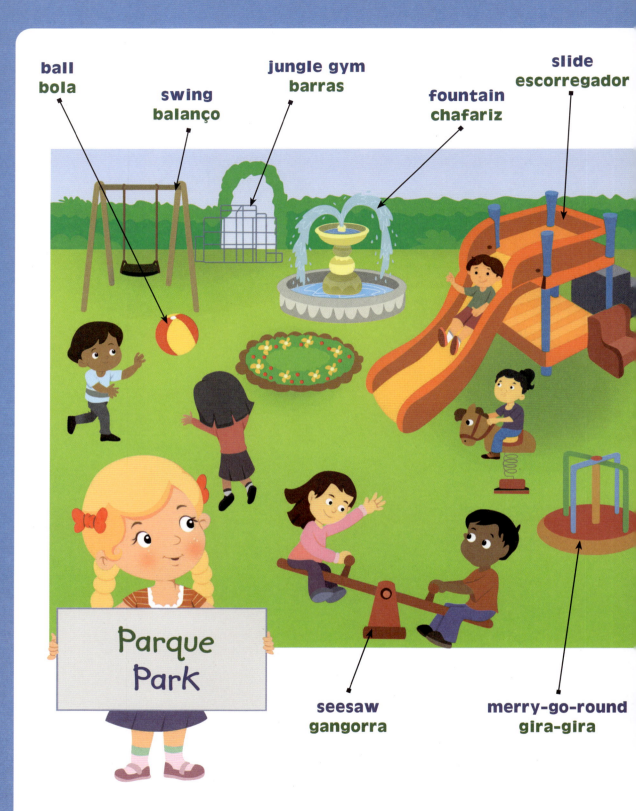

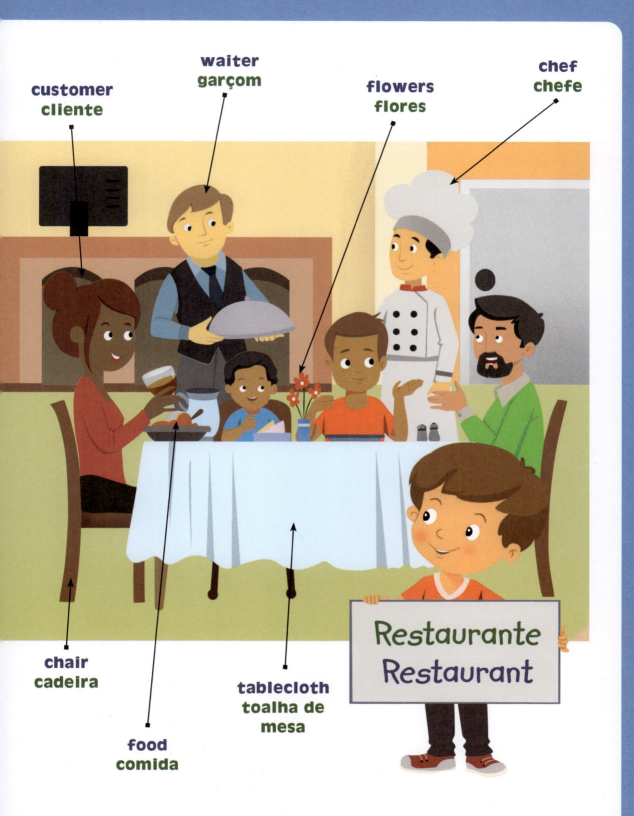

vegetables
vegetais

shopping cart
carrinho de compras

bakery
padaria

scale
balança

flowers
flores

basket
cesta de compras

cashier
caixa

fish
peixe

soft drink
refrigerante

cooking oil
óleo de cozinha

milk
leite

shopping list
lista de compras

tinned food
alimentos enlatados

ketchup and mustard
ketchup **e mostarda**

eggs
ovos

meat
carne

fruit
frutas

bread
pão

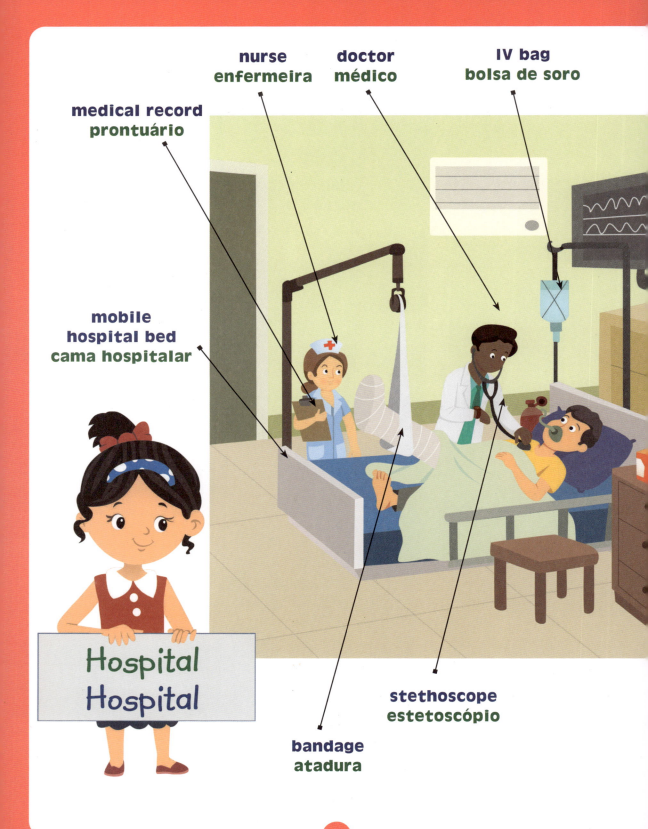

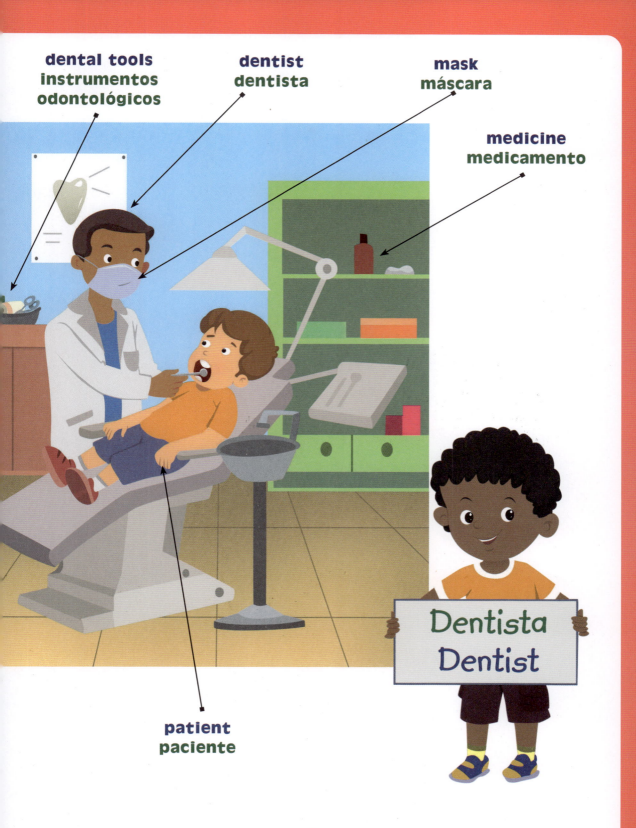

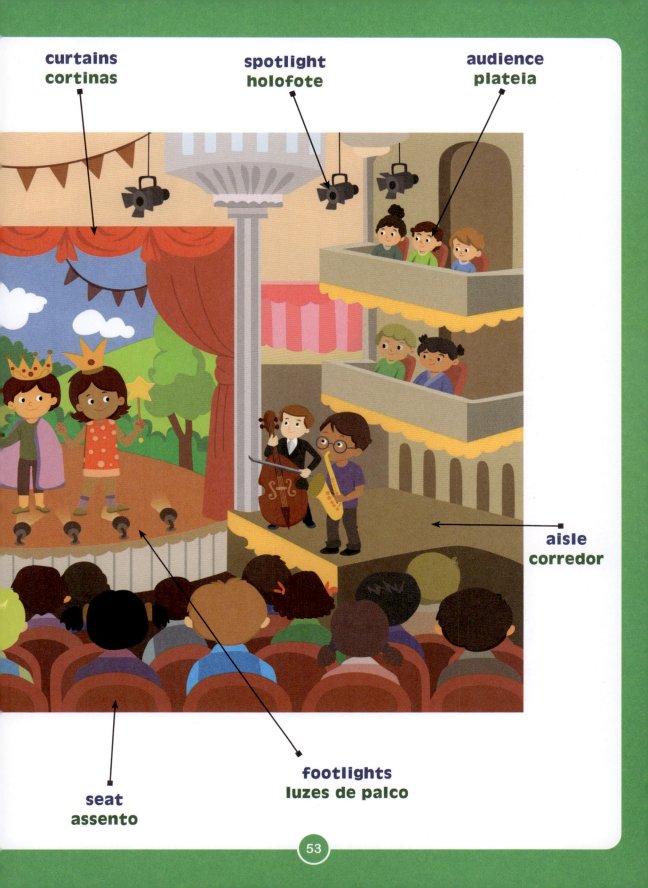

violin
violino

cello
violoncelo

flute
flauta

conductor
maestra

double bass
contrabaixo

Concerto
Concert

trombone
trombone

triangle
triângulo

accordion
sanfona

cymbals
pratos

trumpet
trompete

drum
tambor

piano
piano

tuba
tuba

tambourine
pandeiro

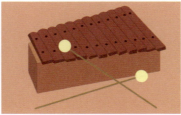
xylophone
xilofone

clarinet
clarinete

harpsichord
cravo

Arcimboldo painting
quadro de Arcimboldo

period costume
traje de época

Mona Lisa
Mona Lisa

Aztec mosaic
mosaico asteca

Picasso painting
quadro de Picasso

sword
espada

dinosaur fossil
fóssil de dinossauro

Greek statue
estátua grega

totem
totem

Viking ship
navio viking

coin
moeda

pottery
cerâmica

sarcophagus
sarcófago

map
mapa

Venus of Milo
Vênus de Milo

work of art
obra de arte

stained glass window
vitral

Escola
School

locker room
vestiário

classroom
sala de aula

students
alunos

teacher
professora

gym
ginásio

chalk
giz

school bus
ônibus escolar

library
biblioteca

blackboard
quadro

playground
parquinho

whiteboard
quadro branco

board rubber
apagador

cafeteria
cantina

lunch box
lancheira

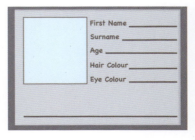
student card
carteira de estudante

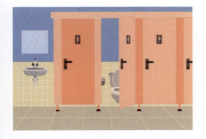
toilet
banheiro

terrestrial globe
globo terrestre

art cabinet
armário de artes

Na mochila
In the school bag

tissues
lenços de papel

pen
caneta

palette
paleta

scissors
tesoura

textbook
livro didático

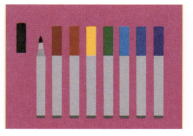

felt-tip pens
canetinhas

pencil
lápis

notebook
caderno

paper
papel

pencil sharpener
apontador

pencil case
estojo

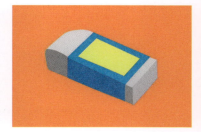
rubber
borracha

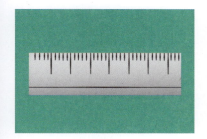
ruler
régua

glue stick
cola em bastão

tape
fita adesiva

coloured pencils
lápis de cor

wax crayons
giz de cera

paintbrushes
pincéis

Disciplinas
School subjects

health
saúde

music
música

cooking
culinária

writing
escrita

singing
canto

gardening
jardinagem

painting
pintura

dancing
dança

drama
teatro

math
matemática

crafts
artesanato

technology
tecnologia

biology
biologia

physical education
educação física

science
ciências

reading
leitura

geography
geografia

civics
educação cívica

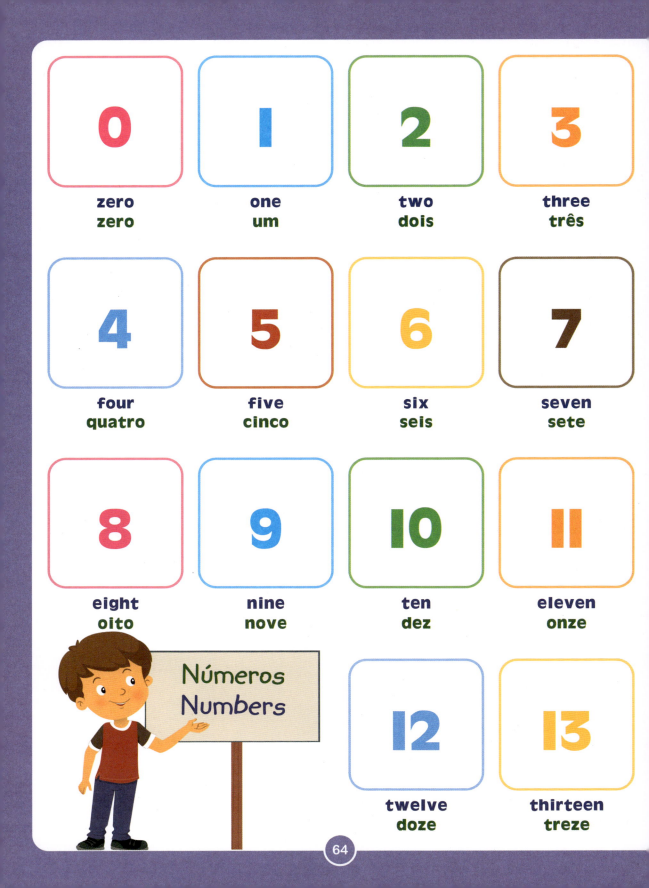

14	**15**	**16**	**17**
fourteen catorze	fifteen quinze	sixteen dezesseis	seventeen dezessete
18	**19**	**20**	**30**
eighteen dezoito	nineteen dezenove	twenty vinte	thirty trinta
40	**50**	**60**	**70**
forty quarenta	fifty cinquenta	sixty sessenta	seventy setenta
80	**90**	**100**	**1000**
eighty oitenta	ninety noventa	one hundred cem	one thousand mil

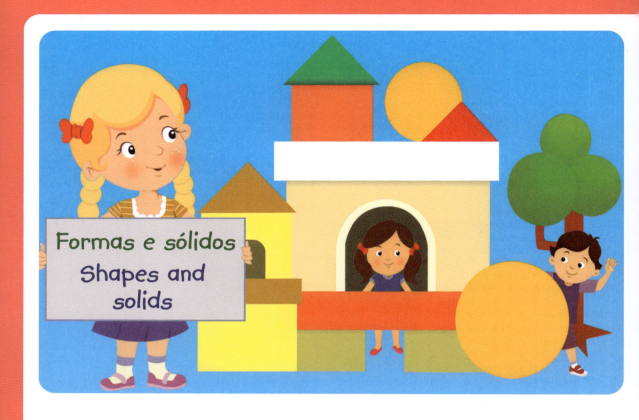

Formas e sólidos
Shapes and solids

triangle
triângulo

heart
coração

moon
lua

cylinder
cilindro

semicircle
semicírculo

square
quadrado

oval
oval

octagon
octógono

star
estrela

cube
cubo

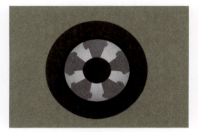

circle
círculo

rectangle
retângulo

pyramid
pirâmide

cone
cone

sphere
esfera

parallelepiped
paralelepípedo

pentagon
pentágono

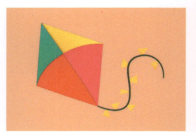

diamond
diamante

Cores
Colors

orange
alaranjado

blue
azul

pink
cor-de-rosa

light blue
azul-claro

dark grey
cinza-escuro

beige
bege

yellow
amarelo

black and white
preto e branco

brown
marrom

light brown
castanho-claro

green
verde

purple
roxo

light green
verde-claro

red
vermelho

white
branco

lilac
lilás

light yellow
amarelo-claro

gray
cinza

Posição relativa
Relative positions

inside
dentro

outside
fora

in front of
em frente a

behind
atrás

on the left
à esquerda

on the right
à direita

top
cima

bottom
fundo

between
entre

empty
vazio

near
perto

far
longe

in
dentro

out
fora

under
debaixo

on
sobre

above
acima

below
abaixo

Dia
Day

morning
manhã

midday
meio-dia

afternoon
tarde

night
noite

one second
um segundo

one minute
um minuto

one hour
uma hora

midnight
meia-noite

nine o'clock
nove horas

five to three
cinco para as três

five past four
quatro e cinco

half past one
uma e meia

a quarter to four
quinze para as quatro

yesterday
ontem

today
hoje

tomorrow
amanhã

Dias, clima e estações
Days, weather and seasons

Monday
segunda-feira

Tuesday
terça-feira

Wednesday
quarta-feira

Thursday
quinta-feira

Friday
sexta-feira

Saturday
sábado

Sunday
domingo

spring
primavera

rain
chuva

summer
verão

Sun
Sol

thunderstorm
tempestade de raios

rainbow
arco-íris

autumn
outono

clouds
nuvens

wind
vento

winter
inverno

snow
neve

Calendário
Calendar

Chinese New Year
Ano-Novo chinês

Carnival
Carnaval

birthday
aniversário

Halloween
Dia das Bruxas

Hanukkah
Chanucá

Christmas
Natal

January
janeiro

February
fevereiro

March
março

April
abril

May
maio

June
Junho

July
julho

August
agosto

September
setembro

October
outubro

November
novembro

December
dezembro

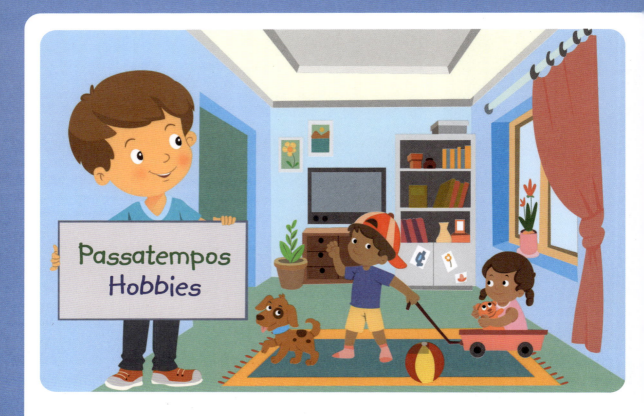

Passatempos
Hobbies

designing jewellery
criar bijuterias

reading
ler

playing with modelling clay
brincar com massinha

playing with your dog
brincar com o cão

painting
pintar

gardening
jardinar

doing handicrafts
fazer artesanato

making origami
fazer origami

playing board games
jogar jogos de tabuleiro

playing with building blocks
brincar com blocos de construção

doing jigsaw puzzles
montar quebra-cabeça

watching TV
ver televisão

playing video games
jogar videogame

playing hide-and-seek
esconde-esconde

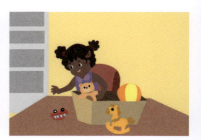
playing with toys
brincar com brinquedos

knitting
fazer tricô

drawing
desenhar

fishing
pescar

Esportes
Sports

American football
futebol americano

golf
golfe

gymnastics
ginástica

karate
karatê

swimming
natação

windsurfing
windsurf

baseball
beisebol

soccer
futebol

surfing
surfe

horse riding
equitação

kayaking
canoagem

tennis
tênis

running
corrida

skateboarding
skate

archery
tiro com arco

snorkelling
mergulho com *snorkel*

diving
mergulho

cycling
ciclismo

Esportes de inverno
Winter sports

hockey
hóquei sobre grama

bobsleighing
bobsled

ice skating
patinação no gelo

sled dog racing
corrida de trenó puxado por cães

ice speedway
ice speedway

ringette
ringette

speed skating
patinação de velocidade

ski jumping
salto de esqui

downhill skiing
esqui alpino

snowmobiling
corrida de motoneve

skiing
esqui

freestyle skiing
esqui estilo livre

curling
curling

snowboarding
snowboard

sledging
descida de trenó

cross-country skiing
esqui cross-country

ice hockey
hóquei no gelo

speed riding
speed riding

Transportes
Transport

jeep
jipe

ship
navio

bus
ônibus

lorry
caminhão

police car
carro da polícia

tanker
caminhão-tanque

helicopter
helicóptero

aeroplane
avião

train
trem

bicycle
bicicleta

submarine
submarino

ambulance
ambulância

sailing boat
barco à vela

motorcycle
motocicleta

car
carro

hot-air balloon
balão

fire engine
carro de bombeiro

rocket
foguete

85

snake
cobra

iguana
iguana

chinchilla
chinchila

dog
cão

cat
gato

hamster
hamster

goldfish
peixe-dourado

budgie
periquito

ferret
furão

mouse
camundongo

turtle
tartaruga-marinha

Guinea pig
porquinho-da-índia

fish tank
aquário

parrot
papagaio

lizard
lagarto

canary
canário

rabbit
coelho

pig
porco

rooster
galo

goat
cabra

rabbit
coelho

scarecrow
espantalho

horse
cavalo

foal
potro

Na fazenda
On the farm

chick
pintinho

donkey
burro

Shepherd dog
cão pastor

cat
gato

sheep
ovelha

duck
pato

windmill — moinho de vento
barn — celeiro
goose — ganso
tree — árvore
flowers — flores

hen
galinha

cow
vaca

pig
porco

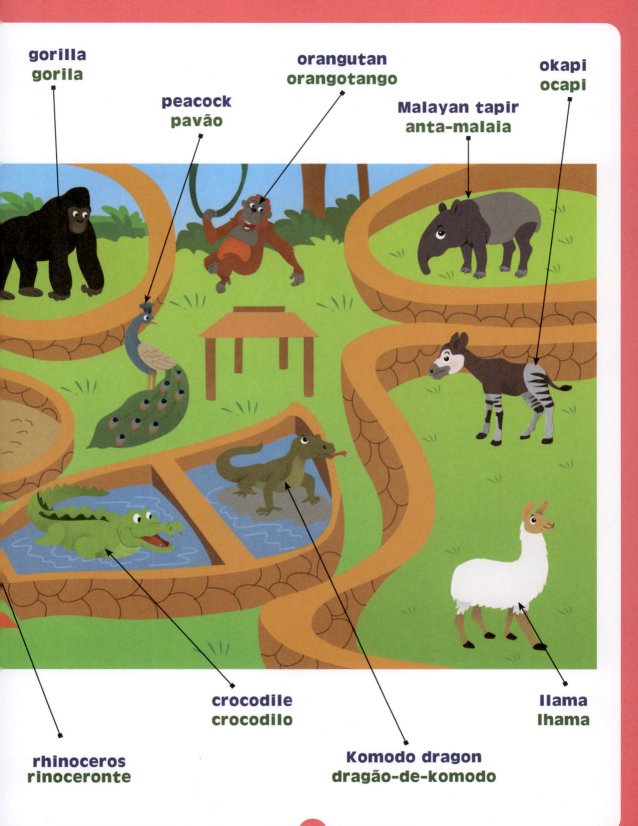

tiger
tigre

lion
leão

elk
alce

monkey
macaco

kangaroo
canguru

gorilla
gorila

Floresta
Forest

pangolin
pangolim

bear
urso

fox
raposa

badger
texugo

wolf
lobo

panda
panda

owl
coruja

elephant
elefante

bird
pássaro

zebra
zebra

giraffe
girafa

chameleon
camaleão

ladybug
joaninha

racoon
guaxinim

frog
rã

hedgehog
porco-espinho

wolf
lobo

grouse
tetraz

ptarmigan
lagópode

eagle
águia

Montanha
Mountain

deer
veado

vulture
abutre

ibex
íbex

edelweiss
edelvais

birch
bétula

squirrel
esquilo

marmot
marmota

hare
lebre

falcon
falcão

fox
raposa

wild boar
javali

marten
marta

vole
rato-do-mato

badger
texugo

97

Oceano
Ocean

nurse shark
tubarão-lixa

seaweed
alga marinha

manta ray
jamanta

shell
concha

turtle
tartaruga

seahorse
cavalo-marinho

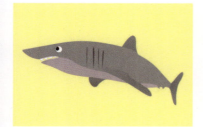  

shark
tubarão

squid
lula

jellyfish
medusa

dolphin
golfinho

school
cardume

octopus
polvo

shrimp
camarão

angelfish
peixe-anjo

crab
caranguejo

clownfish
peixe-palhaço

coral
coral

starfish
estrela-do-mar

orchid
orquídea

parrot
papagaio

leopard
leopardo

toucan
tucano

monkey
macaco

crocodile
crocodilo

Selva
Jungle

toad
sapo

hummingbird
beija-flor

snake
cobra

lotus
lótus

corpse lily
raflésia-comum

agouti
cutia

chameleon
camaleão

capybara
capivara

coati
quati

anteater
tamanduá

morpho butterfly
borboleta Morpho

strelitzia
estrelícia

sloth
preguiça

flamingo
flamingo

scorpion
escorpião

aloe vera
aloe vera

elephant
elefante

hippopotamus
hipopótamo

baboon
babuíno

Savana
Savannah

umbrella thorn acacia
acácia

antelope
antílope

ostrich
avestruz

meerkat
suricate

egret
garça

snake
cobra

zebra
zebra

rhinoceros
rinoceronte

giraffe
girafa

lion
leão

hyena
hiena

gnu
gnu

vulture
abutre

mongoose
mangusto

baobab
baobá

Ártico
The arctic

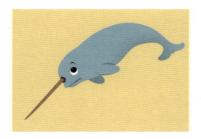

narwhal
narval

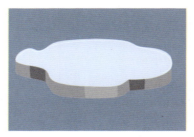

ice floe
bloco de gelo

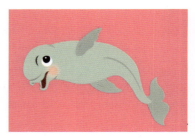

beluga whale
beluga

iceberg
iceberg

seal
foca

whale
baleia

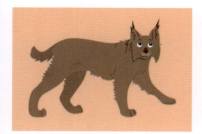
lynx
lince

Arctic hare
lebre-ártica

muskrat
rato-almiscarado

reindeer
rena

Arctic fox
raposa-do-ártico

wolf
lobo

snowy owl
coruja-das-neves

snow goose
ganso-das-neves

razorbill
torda-mergulheira

walrus
morsa

orca
orca

polar bear
urso-polar

flight information
informações de voo

aeroplane
avião

suitcase
mala

Aeroporto
Airport

check-in counter
balcão de check-in

passengers
passageiros

pilot
piloto

arrivals
chegadas

airport
aeroporto

flight attendant
comissária de bordo

departures
partidas

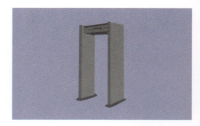
security checkpoint
controle de segurança

conveyor belt
esteira rolante

passport
passaporte

control tower
torre de controle

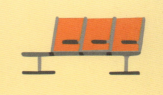
waiting chairs
cadeiras de espera

South Korea
Coreia do Sul

India
Índia

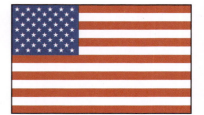

United States of America
Estados Unidos da América

France
França

Italy
Itália

Spain
Espanha

Germany
Alemanha

Argentina
Argentina

Australia
Austrália

United Kingdom
Reino Unido

Russia
Rússia

Senegal
Senegal

Japan
Japão

Morocco
Marrocos

Mexico
México

Brazil
Brasil

Canada
Canadá

China
China

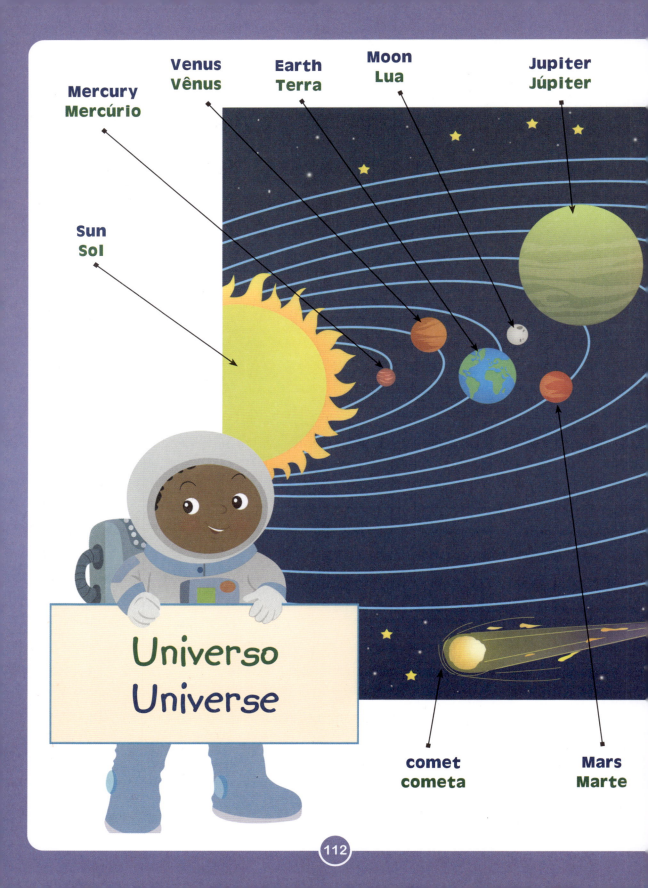

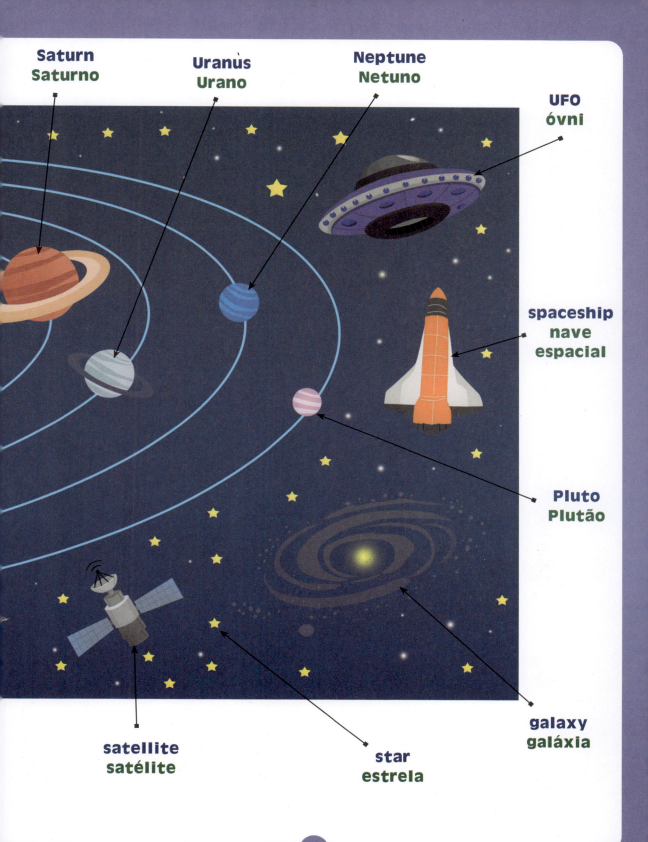

Constelações
Constellations

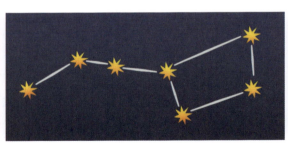

Ursa Major
Ursa Maior

Ursa Minor
Ursa Menor

Draco
Dragão

Cassiopeia
Cassiopeia

Aquarius Aquário	**Pisces** Peixes	**Aries** Áries

Taurus Touro	**Gemini** Gêmeos	**Cancer** Câncer

Leo Leão	**Virgo** Virgem	**Libra** Libra

Scorpio Escorpião	**Sagittarius** Sagitário	**Capricorn** Capricórnio

fairy
fada

king
rei

princess
princesa

magic wand
varinha de condão

Little Red Riding Hood
Chapeuzinho Vermelho

golden egg hen
galinha dos ovos de ouro

basket
cesta

beanstalk
pé de feijão

hay
feno

witch
bruxa

windmill
moinho de vento

giant
gigante

prince
príncipe

thorns
espinhos

chameleon
camaleão